LOUPS

Leonard Lee Rue III

© 1993 Todtri Productions Limited
© 1993 PML Editions pour l'édition française
Tous droits réservés

Concept et production : Todtri Productions Limited, New York,
pour Euredition bv, La Haye
Ce livre est publié simultanément en France,
Allemagne, Grande-Bretagne, Italie, Hollande et Suède
sous la coordination de Euredition, La Haye

Auteur : Leonard Lee Rue III
Production : Robert M. Tod
Concepteur : Mark Weinberg
Réalisation : Mary Forsell
Iconographie : Natasha Milne
Associé : Jackie Skroczki
Traducteurs : Sue Budden & Sylvie Vottier
Photocomposition : Buro AD, Amersfoort
Imprimé et façonné à Singapour par Tien Wah Press

ISBN 2 - 87628 - 579 - 7

INTRODUCTION

Alors même que leur pelage blanc renvoie la chaleur des rayons du soleil, ces deux loups recherchent l'ombre, pour s'échapper à la chaleur d'une journée d'été.

Depuis des siècles le loup est l'une des créatures sauvages la plus calomniée. A certaines époques on le vénéra, telle cette louve romaine dont la légende fait allaiter les jumeaux Romulus et Rémus, mais le plus souvent, il fut l'objet de haine et de crainte, comme la Bête de Gévaudan qui, selon les dires tua à elle seule 123 personnes dans le sud de la France. Ses ravages parmi peuples et bêtes furent si conséquents, qu'au milieu du 18ème siècle le roi Louis XV envoya une armée entière pour la chasser. 43 000 hommes et 2 800 chiens ne mirent pas moins de deux mois pour réussir à la tuer.

L'histoire de l'Europe abonde ainsi en récits décrivant les ravages des loups dans les troupeaux, ainsi que leurs attaques contre les hommes. Aujourd'hui il est généralement reconnu que la plupart des agressions contre des humains fut l'oeuvre de loups enragés. Ces derniers pouvaient se montrer responsables d'attaques isolées, mais jamais d'attaques répétées, puisque la rage tue généralement sa victime sur le vif. En Inde les registres font état de loups d'Asie qui enlevèrent et mangèrent des enfants, mais nous n'avons trouvé aucune mention d'attaques contre des adultes.

En Amérique du Nord, l'authenticité de rumeurs d'attaques de loups en bonne santé, contre des humains ne put jamais être démontrée. Les attaques enregistrées furent l'oeuvre de loups enragés, ensuite abattus, dont la maladie fut par conséquent identifiée. Il est possible que la sous-espèce eurasienne, par ses contacts avec l'homme, bien avant l'arrivée des armes à feu, n'éprouva pas la même peur.

Les loups qui apparurent, il y a environ cinq millions d'années, au milieu de l'époque pliocène dans le Nouveau Monde, s'étaient déjà développés et diversifiés vers le milieu de l'époque pléistocène, il y a un million et demi d'années. Une espèce : "le loup de Dire" fut le plus grand qui n'ait jamais existé. Une espèce de taille plus petite arriva de l'Alaska en Sibérie, où elle s'agrandit pour devenir le loup d'Europe : "Canis lupus" d'aujourd'hui. Le loup d'Europe émigra à nouveau en Amérique du Nord, où il peupla toute la région du Canada et des Etats-Unis, excepté la zone sud-est qui fut peuplée par le plus petit loup rouge : "Canis rufus". Aujourd'hui le gouvernement américain tente de repeupler le sud-est de loups rouges. Le loup d'Europe était déjà bien établi en Amérique du Nord lorsque les premiers Indiens et Esquimaux traversèrent le Détroit de Béring, il y a dix-huit mille ans.

Toute créature sauvage fut créée et adaptée afin de s'intégrer sur le fond de toile de la vie. Sans doute désapprouvons-nous le comportement de certaines créatures, mais personne ne nous y a jamais contraint. Pour citer Gertrude Stein, "Un loup est un loup." Observons-les de plus près, afin de les suivre dans leurs déplacements durant l'année.

Le bâillement de ce loup montre sa dentition de prédateur carnivore. Il se sert de ses longues canines, pour tenir et déchiqueter sa proie, ainsi que de ses dents carnassières, à haute couronne, situées au fond de sa bouche pour cisailler les morceaux de viande, qu'il avale.

Les loups dorment en plein air à longueur d'année, hormis lorsqu'ils veillent sur les louveteaux dans la tanière.

L'OBSERVATION DU LOUP

Le loup est l'un des plus grands membres de la famille des canidés. Nous ne savons pas exactement quand s'opéra la scission qui sépara les ancêtres de notre chien domestique: "C. domesticus", de ceux du loup d'Europe: "C. lupus", mais nous l'estimons approximativement, à il y a quatre millions d'années. Les premiers hommes furent sans doute suivis, par une créature semblable au loup qui profita des restes de leur chasse. Plus tard, cet animal sacrifia sa liberté, en échange de ces restes. Le chien, car cette créature c'était lui, ne fut pas le seul à gagner de cet échange. Petit à petit il apprit à aider l'homme à chasser, à garder les troupeaux d'animaux, à servir parfois comme bête de somme, et même à protéger l'homme contre d'autres animaux.

Le loup et le chien sont des parents très proches, comme le témoigne les hybrides féconds résultant de leurs fréquents accouplements.

Taille

Les loups gris adultes pèsent pour la plupart entre 34 et 56kg, les mâles se présentant jusqu'à 25% plus grands, que les femelles. Certains documents font état de loups mâles pesant jusqu'à 79kg. Tout en étant grand, le loup apparaît généralement encore plus grand à cause de ses longs poils. En hiver, les poils du dos et des flancs mesurent en moyenne entre 5 et 6,3cm. Le loup est doté d'une crinière qui commence à la base de la nuque en forme de larme, pour s'étirer et devenir une simple crête, le long de l'épine dorsale vers la queue. Aux épaules la crinière mesure à peu près 15cm de large. Les poils de cette dernière, s'étendant sur 10 à 12,7cm, se

Les loups passent la plupart de leur temps à chasser, à manger, ou à dormir. Parcourant parfois beaucoup de kilomètres pour tuer un gibier, leur habitude consiste à dormir une fois le repas terminé. Ce loup bâille et s'étire, à son réveil d'un sommeil profond.

Le loup à crinière porte mal son nom, puisqu'il n'est même pas un parent éloigné du vrai loup. En effet, celui qu'on voit ici ressemble plutôt à un renard qu'à un loup.

Grand nombre de capacités de communication du loup dépendent de ses expressions. En grognant férocement, ce loup manifeste son agression, comme en témoignent ses crocs à nue, ses babines retroussées et ses oreilles dressées.

rattachent aux muscles érecteurs qui leur permettent de se redresser : ainsi le loup paraît encore plus grand qu'il ne l'est.

Des études approfondies sur les loups d'Amérique du Nord traduisent une longueur totale moyenne, du bout du nez au bout de la queue, comprise entre 1m30 et 1m80. La queue forme un quart de cette longueur totale. A Aniak, Alaska, en 1969 j'ai vu une peau de loup mesurant 2m27 du nez jusqu'à la queue. Le marchand de fourrure m'assura que c'était la plus grande peau de loup, qu'il n'avait jamais vue de toutes ses années de métier.

Les loups mesurent entre 68 et 78cm au garrot. La cage thoracique est beaucoup plus étroite, que celle d'un chien de taille comparable, et les pattes sont également plus longues, proportionnellement au poids du corps, que celles des chiens. A cause de cette cage thoracique plus étroite, les empreintes antérieures du loup sont plus rapprochées que celles du chien.

Structure de déplacement

L'être humain est plantigrade, s'appuyant pour se déplacer sur le pied entier, plante et talon. Les canidés, ainsi que les félidés, se révèlent digitigrades, prenant ainsi uniquement appui sur les extrémités des pieds. A moins d'être couché, le talon du loup n'entre jamais en contact avec le sol. Les pattes antérieures du loup, exceptionnellement longues, facilitent foncièrement sa course sur la neige, en lui permettant une distribution plus large de son poids et en l'empêchant de s'enfoncer aussi profondément dans la neige molle.

Des cinq doigts sur chaque patte antérieure, le loup ne se sert que de quatre : le cinquième correspondant à notre pouce a régressé pour se trouver aujourd'hui, à mi-hauteur de la

patte sous forme d'ergot. Les pattes postérieures ne possèdent que quatre doigts. Chaque coussin charnu du pied est entouré de poils raides et durs offrant une isolation, ainsi qu'un meilleur accrochage sur des surfaces de glace glissante. Le loup utilise ses fortes griffes, émoussées par le contact constant avec le sol, pour creuser et pour tenir le sol quand il court : celles-ci ne servent pas pour attraper la proie.

Le loup marche, trotte, galope ou avance à longues foulées souples et régulières : ses longues pattes lui permettent un rythme de marche d'environ 6,5km/h. Il préfère se déplacer au trot à une vitesse variable, en général entre 12,5km/h et 16km/h, qu'il peut maintenir pendant de très longues périodes:

Les loups ne courent pas à vitesse maximale, tant qu'ils ne se sont pas approchés au plus près de leur proie. Ils se lancent seulement ensuite à vitesse effrénée, afin de tester l'animal.

La patte antérieure du loup comprend cinq doigts, dont quatre seulement sont visibles dans l'empreinte. Le cinquième: l'ergot, a en effet régressé. La patte postérieure ne possède que quatre doigts. La plus grande empreinte en bas de la photo représente la patte avant droite.

pour lui, couvrir 96km en une seule nuit n'a rien d'exceptionnel. Une vitesse de 64 km/h sur plusieurs kilomètres a souvent été observée.

Apparence générale

Le loup mue une fois par an. Les longs poils d'hiver tombent par plaques à la fin du printemps. Les nouveaux poils du pelage court d'été continuent à pousser progressivement afin de se transformer lentement en pelage épais pour l'hiver. Le pelage est généralement gris, cependant, ce dernier se confond souvent avec des poils jaunes. Sans distinction de régions, le pelage peut varier d'un blanc presque pur jusqu'au noir de jais; les loups po-

Ce loup est paré de son magnifique pelage d'hiver. Il perd celui-ci à la fin du printemps, les nouveaux poils continuant à pousser et à s'allonger pendant tout l'été et l'automne.

Ce jeune louveteau est âgé de trois ou quatre mois. Il ne quittera la meute pour trouver un partenaire, qu'à l'âge de deux ans et demi.

Ce loup se lance à l'eau sans la moindre hésitation. Les loups d'Alaska suivent souvent les barres de gravier et les lits de rivière à la recherche de gibier. Ces déplacements les amènent constamment à traverser les courants d'eau.

Un loup qui trotte ne se fatigue jamais. On a observé des loups parcourant jusqu'à 96 kms, en vingt-quatre heures.

Un loup qui perd dans un combat ou dans un jeu se roule sur le dos afin d'exposer sa gorge, en signe de capitulation totale.

laires apparaissent, pour la plupart, entièrement blancs.

Le loup est une créature extrêmement intelligente, comme en témoigne instantanément ses oreilles dressées, son museau pointu, ses yeux interrogateurs, ainsi que d'autres traits. La tête ressemble étrangement à celle d'un berger allemand, quoique plus large et plus massive de crâne. Un collier de poils longs encadre le visage, tels des favoris.

La queue longue et exceptionnellement touffue symbolise une caractéristique très importante de son anatomie : la nuit venue, le loup se couche en rond, pattes et nez à l'intérieur de ce cercle, alors couverts par la queue. Cette couverture retient l'air chaud expiré des

Le loup entre dans l'eau pour chasser le castor, le rat musqué, le canard, ou l'oie. Pour avoir facilement accès à ceux-ci, sa tanière se trouve généralement sur les hauteurs, surplombant les berges d'une rivière ou d'une crique.

poumons, gardant ainsi nez et pattes au chaud. L'air frais est aspiré à travers la queue et donc mélangé et chauffé par l'air expiré, avant d'entrer dans les poumons. Les longues moustaches sur le museau, appelées vibrisses, jouent le rôle d'organes du toucher.

Le loup possède quarante-deux dents: douze incisives, quatre canines, seize prémolaires et dix carnassières et molaires. Les canines sont longues de 2,54cm, fortes, pointues et légèrement courbes : elles servent à tenir la proie. Le loup ne mâche pas sa nourriture : il utilise ses carnassières pour découper un morceau de viande, qu'il avale ensuite en entier!

Les sens

L'odeur joue un rôle très important dans sa vie : il possède plusieurs glandes spécifiques, l'une autour de l'anus et l'autre sur le dos, se positionnant à environ 7,6cm avant la naissance de la queue. L'odeur émise par ces glandes est aussi individuelle que nos empreintes digitales et constitue la carte de visite personnelle du loup.

Le flair du loup est très développé, comme le laisse supposer cet animal aux nombreuses glandes d'odorat. Des recherches montrent qu'un loup peut flairer une proie à 3km de distance. L'étendue du flair dépend des conditions atmosphériques, mais même dans d'excellentes conditions, nous pouvons reconnaître la dextérité de ce nez. Les loups se déplacent alors jusqu'à temps de rencontrer l'odeur de leur proie. Ils se dirigent directement sur elle, déployant toutes leurs forces pour la capturer.

Les canidés sont tous des territoriaux, délimitant leurs fiefs par l'urine et les fèces et en grattant la terre. Ils marquent leurs frontières, mais aussi les chemins qu'ils utilisent, souvent tous les cent mètres.

Le loup possède également une vue perçante qui détecte le moindre mouvement devant lui : tel un prédateur, ses yeux sont placés à l'avant de la tête, dotant ainsi l'animal d'une vision n'atteignant pas 180°, par opposition aux espèces qu'il chasse, affichant une vision supérieure à 300°.

Les loups hurlent le plus souvent à la tombée de la nuit afin de rassembler la meute pour la chasse. Ces hurlements sont de même destinés à avertir d'autres meutes de leur position.

Les hurlements plaintifs du loup s'entendent de très loin. Les montagnes environnantes renvoient des échos prolongeant la beauté inquiétante du son.

HIVER

L'hiver est la saison sombre à travers tout l'Hémisphère Nord; des régions forestières jusqu'au Grand Nord, en passant par la taïga et la toundra, la lumière baisse progressivement. Peu d'êtres humains habitent ces régions en dehors des indigènes, car cette obscurité amène avec elle un froid cinglant et ravageur. Les zones les plus au nord sont peuplées de boeufs musqués, lièvres polaires, lagopèdes, renards polaires, ours blancs, lemmings et campagnols. Caribous, rennes, renards polaires et roux, lagopèdes, lemmings et campagnols vivent dans la toundra. Dans la taïga se trouvent rennes, caribous, élans, renards roux, lynx, lièvres et campagnols et dans les forêts habitent élans, cerfs, renards rouges, lynx, lièvres, castors, grouses et campagnols. Toutes ces régions abritent des loups, rejetés de leurs pays d'origine, à climats plus cléments.

La neige

Certaines régions polaires sont totalement désertes. Par ce fait d'une précipitation annuelle minimale, le peu d'humidité restant tombe sous forme de neige. Omniprésent, l'air glacial transforme ainsi régulièrement celle-ci en glaciers. La taïga et les forêts connaissent des tombées de neige plus importantes, mais chaque printemps le souffle chaud des vents chinook du sud les balaie. Si le degré d'obscurité a peu d'effet sur ces différentes créatures, la quantité de neige se révèle par contre bien plus redoutable.

Bien avant que nos baromètres montrent des changements de pression atmosphérique,

Un loup noir se détache très visiblement de ce manteau de neige. Cependant, dans les régions forestières, beaucoup d'arbres noirs se distinguent de la même façon, permettant ainsi au loup noir de s'y confondre.

*Le loup n'a pas les pupilles elliptiques du chat, malgré une préférence pour chasser et se déplacer pendant la nuit.
A la naissance, les louveteaux ont les yeux bleus, virant ensuite progressivement au jaune vers trois mois.*

Ce loup habitant l'Ile d'Ellesmere dans l'Arctique, chasse essentiellement le caribou, le boeuf musqué, le lièvre polaire et le lagopède.

ces derniers ont déjà été enregistrés intuitivement par toutes les bêtes, qui se hâtent de réagir. La plupart mangent énormément, puisqu'une nouvelle profondeur de neige pourrait les obliger à rester inactifs pendant de longues périodes. La neige gêne la plupart des animaux, sauf lemmings et campagnols, pour lesquels elle représente une couche protectrice supplémentaire sur le sommet de leur tête. Après la construction d'un réseau complexe de galeries dans la première couche de neige, les campagnols peuvent manger, dormir et vivre leur vie quotidienne à l'abri presque total de prédateurs.

Les loups, motivés par la faim (une motivation presque omniprésente) émergent alors de leurs lits de neige. Leur pelage dense les tient au chaud, même quand le thermomètre est au plus bas et, puisqu'il ne s'échappe pratiquement pas de chaleur corporelle à travers leur pelage, la neige qui les couvre n'aura pas fondu.

Malgré une faim souvent grande lorsqu'ils émergent de ce lit de neige, une période de retrouvailles excitées et de resserrement des liens affectifs prédomine. Tous sautillent, font des bonds en l'air, se saluent, selon l'ordre hiérarchique. Les louveteaux et même les louvarts (jeunes âgés d'un an) s'aplatissent devant leurs parents : ils s'approchent des adultes, le corps bas contre le sol, tout en remuant la queue. On assiste alors à une séance de léchage réciproque du museau. Les adultes tiennent la queue haute pour affirmer leur domination. Les retrouvailles terminées, il est l'heure de passer au travail, c'est à dire de manger.

Quand la neige atteint 45cms de profondeur, elle arrive à la hauteur de poitrine d'un adulte, compliquant ainsi le déplacement. Les loups se mettent en route en file indienne derrière "l'alpha": le mâle dominant. Les empreintes laissées par les adultes permettent aux louveteaux, aux pattes plus courtes, de les suivre sans trop d'effort. Plutôt que de se diriger vers une région spécifique pour chasser une proie particulière, les loups suivent les chemins les plus faciles : des lacs et zones de toundra balayés par le vent, des sentiers de

Le loup est un animal extrêmement intelligent affichant une vie sociale bien organisée. Les oreilles pointues et les traits anguleux de celui-ci souligne l'intensité de sa concentration.

Pour se déplacer dans la profondeur de la neige, le loup doit bondir ou sauter. Cette activité se révèle rapidement très fatigante, et ne peut être poursuivie sur de longues distances.

19

A la différence des ours, le loup ne se dresse sur ses pattes postérieures qu'avec grande difficulté, à moins qu'il puisse s'appuyer contre un support.

Entendre hurler un loup est une expérience des plus enivrante et excitante du monde. Il est assez facile d'inciter des loups à hurler : dans le parc national Algonquin au Canada les gardes forestiers font des visites nocturnes guidées, durant lesquelles, ils incitent les loups à hurler, au plus grand plaisir des promeneurs !

chasse anciens déjà dégagés par le passage d'autres animaux.

Tactiques de chasse

Si possible les loups se déplacent contre le vent et utilisent trois méthodes de chasse: une avance continue jusqu'à l'apparition d'une proie, le suivi d'une odeur perçue par le vent, ou encore celui d'une piste laissée par les empreintes ou l'odeur d'une proie, sans se soucier alors de la direction du vent. Dans tous les cas, ils préfèrent approcher la proie dans le sens contraire du vent, afin d'éviter l'alerte de leur présence.

Quoique chasseurs capables d'attraper la plupart des proies, ils préfèrent rejoindre celle-ci au plus près avant de la tester. Apercevoir la proie et la tuer sont deux choses différentes. Les loups mangent de tout, de la souris jusqu'à l'élan, mais tuer des animaux aussi grands que l'élan, le

En neige profonde, les loups suivent souvent la piste exacte laissée par la proie, conservant ainsi leur énergie pour la chasse et la mise à mort.

caribou ou le boeuf musqué comprend plein de dangers.

Après la localisation visuelle ou nasale d'une proie, les loups s'efforcent de l'approcher au maximum avant d'être découverts. Au fur et mesure que le parcours se rétrécit, l'excitation accroît, par l'agitation de la queue. Tous les canidés montrent leur excitation identiquement. C'est à ce stade que les louveteaux peuvent gâcher la chasse par leur empressement à se lancer impétueusement aux trousses de la victime, alertant celle-ci avant que la meute ne se retrouve suffisamment près, pour mener la chasse à terme. Si la neige est épaisse ce risque est moindre, puisque les loups se suivent en file indienne, les louveteaux en derniers.

Chaque attaque teste la proie. Si les loups ne parviennent pas à conclure après une course d'à peu près 300 mètres, la chasse est normalement abandonnée. Si la proie se retourne contre eux de façon déterminée ou les charge, ils abandonnent également !

Quand les loups sont suffisamment rapprochés pour attaquer, le plus près s'efforce de mordre les pattes ou les flancs de la proie. Ensuite le chef tente d'attraper le museau de l'animal, pour l'immobiliser pendant l'attaque de la meute. En déchirant les muscles des pattes, ils arrivent rapidement à renverser l'animal par terre, pour le tuer. Les animaux dominants mangent côte à côte les premiers, si la taille de la proie le permet, et les autres attendent leur tour. Chaque animal se res-

Les loups n'ont aucune peine à se frayer un chemin dans cette neige épaisse de 30cm. Cependant, une couverture de 45cm atteignant la poitrine, les gène dans leurs déplacements. Lorsque la neige est profonde, les loups se déplacent en file indienne.

Au clair de lune, un loup courant parmi les ombres apparaît et disparaît tel un spectre. Le loup est essentiellement un animal nocturne qui évite la chaleur de la journée et ne se met à chasser qu'au crépuscule.

Ce loup vient de manger la cuisse du cerf à queue blanche. Son museau ensanglanté nous montre qu'il vient de terminer son festin. Avant de s'endormir, il se nettoiera le museau en se léchant.

Ici, on voit deux loups dominants en plein repas. Un troisième montre sa soumission par ses oreilles rabattues. En fait, il demande la permission de manger aux deux autres.

taure tant qu'il peut. Dans le cas d'une grande bête tel un élan, les loups demeurent près de la carcasse jusqu'à ce qu'il ne reste plus rien à manger.

Les recherches démontrent que les loups tuent de préférence les jeunes animaux de moins d'un an ou alors les vieux. Cependant, ils sont souvent dépeints à tort en prédateurs "sanitaires", ne tuant que les vieux et les malades. Le loup n'est pas seulement opportuniste, il montre également des préférences évidentes. Une meute de huit loups que j'étudiais dans les Montagnes Cassiar de la Colombie britannique élimina presque entièrement les jeunes caribous nés dans l'année. Il ne restait que deux veaux dans un troupeau de quatre cent caribous. Les loups tuaient de préférence les mâles sains et presque adultes.

Un caribou mâle adulte pèse entre 150 et 180kg. Un poids dont la moitié comprend la peau, le sang, les os, les bois, et les entrailles,

La neige recouvrant cette carcasse d'élan nous indique que l'animal fut abattu avant l'arrivée de la neige. Un seul loup est visible, mais la multiplicité des empreintes indique qu'une meute a visité la carcasse.

Le loup ne mâche pas sa nourriture, mais la déchire ou la cisaille en morceaux assez petits pour être avaler. Il ne possède en effet pas de molaires plates pour mastiquer.

Ce loup se nourrit d'un jeune élan mâle. Pour tuer de si grands animaux, les loups doivent chasser en meute.

La dominance du loup blanc sur le noir se voit dans la position de la queue. Une queue dressée dénote la dominance, tandis qu'une queue repliée traduit la soumission.

A la différence de la chienne domestique affirmant deux cycles oestraux par an, la louve n'en affirme qu'un. Ce cycle est déterminé par les saisons, de manière à ce que les louveteaux naissent au printemps chaleureux quand la nourriture est abondante. Cette femelle refuse les avances sexuelles du mâle, puisqu'elle n'est pas encore en oestrus.

Pendant l'accouplement, le bulbe situé à la base du gland du mâle se gonfle dans le vagin de la femelle, les liant ainsi ensemble pour une période allant jusqu'à trente minutes.

d'ailleurs dédaignées par les loups. Puisqu'un loup peut manger entre 4,5 et 7 kg de viande par jour, en avalant tout jusqu'à la carcasse, on suppose qu'il n'a plus besoin de se nourrir pendant plusieurs jours. Il peut en effet s'abstenir de manger durant plusieurs jours, comme c'est souvent le cas, mais tant qu'il resta du gibier à profusion la meute des montagnes Cassiar continua à tuer et à manger un caribou par jour!

L'accouplement

Toujours affectueux, les loups adultes le deviennent davantage dès que les jours se rallongent, à l'horizon du 21 décembre. Cet accroissement de lumière stimule en fait la glande pinéale qui, à son tour, stimule la pituitaire pour relâcher des hormones dans le sang. Les quantités microscopiques d'hormones déclenchent des réactions totalement disproportionnées chez les loups. Les femelles

Les loups habitant la zone Est de leur territoire se nourrissent essentiellement de cerfs à queue blanche, tandis que ceux de la zone ouest préfèrent le cerf mulet.

Ces loups se trouvent dans la position "serrée-collée" de l'accouplement. Il est difficile de le croire mais, s'ils sont dérangés, ils peuvent courir dans cette position . . . !

commencent alors leur cycle oestral annuel.

La période oestrale exacte dépend de la latitude : les loups des régions plus au sud s'accouplent avant ceux du Grand Nord. Pendant la période des amours, les adultes alpha se côtoient encore plus qu'à l'accoutumée, se livrant ainsi à plus de contacts corporels. Des pertes ensanglantées apparaissent de la vulve de la femelle, environ dix jours avant le début de la période oestrale. Pendant celle-ci, environ cinq à sept jours, les animaux s'accouplent plusieurs fois. Comme chez tous les canidés, le bulbe à la base du gland se dilate à l'intérieur du vagin, les liant ainsi ensemble pour une période atteignant jusqu'à trente minutes!

Les loups passent beaucoup de temps à jouer avant de partir à la chasse. Ces jeux renforcent les liens affectifs entre les animaux, en même temps qu'ils servent à développer les muscles, avant leur utilisation dans des parties de chasse sérieuses !

Toujours "serrés-collés" pendant la copulation, ces deux loups sont maintenant dans une position qui leur permet de courir, si besoin s'en fait sentir.

Hurler représente un moyen de communication et souvent une expression d'exubérance. Quand un groupe de loups se met à hurler, il commence sur des notes graves, puis monte progressivement vers l'aigu par hurlements successifs.

Quand les loups tuent un animal trop grand pour être dévoré en un seul repas, ils s'endorment dans le voisinage et mangent par étape quand ils se réveillent. Ce loup dort sur un morceau de la carcasse d'un cerf à queue blanche !

Le loup court pour attraper sa proie. C'est un prédateur tenace et un fin stratège qui, en équipe, n'hésite pas à s'en prendre aux animaux aussi grands que le boeuf musqué et l'ours.

Territoire et hiérarchie de la meute

Les loups sont des animaux territoriaux, chaque meute vit et chasse dans une zone délimitée. Le territoire peut changer selon la saison en fonction des migrations des espèces-proies ou des conditions atmosphériques, il peut aussi rester sensiblement le même. Quoiqu'étant des animaux très sociables, les loups n'étendent cette sociabilité qu'aux membres de la meute. La défense du territoire relève d'un besoin fondamental chez la plupart des prédateurs : le moyen de réunir une quantité suffisante de nourriture pour la survie de la meute. L'étendue de ce territoire dépend du nombre de proies potentielles, de la taille de la meute ainsi que de la force physique de chacun de ses membres.

Dans la mesure du possible, les meutes en question établiront une sorte de "zone-tampon" pour protéger leurs territoires, afin de minimiser confrontations et conflits. Les meutes possédant des territoires en commun s'efforceront ainsi d'éviter des rencontres inopportunes. La position de la meute s'annonce par des hurlements et les zones-tampons restent un secteur privilégié, sur lequel personne ne chasse.

Le territoire peut varier de 100 à 400km² selon la densité de population et la quantité de nourriture disponible.

Pour se déplacer dans la neige profonde, le loup doit bondir ou sauter. Ce moyen d'avancer est très fatiguant et ne peut pas être utilisé pendant de longues périodes.

PRINTEMPS

Au printemps le loup se concentre sur le creusement de sa tanière, ou alors modifie une tanière existante.

La signification du printemps varie selon la latitude. Tout au nord, il n'est autre qu'un amenuisement de l'hiver. Dans les régions forestières le vent chaud chinook peut transformer le paysage blanc de neige en marécage boueux en l'espace d'une seule nuit. La neige profonde fournit un havre sûr aux lemmings et campagnols, mais le dégel détruit ce dernier. De plus, la neige liquéfiée inonde les galeries et terriers, les obligeant à chercher refuge sur des racines, souches et rochers exposés.

La Tanière et la mise-bas

Ni loups, ni coyotes, ni renards n'occupent une tanière de façon régulière : ils dorment en extérieur à longueur d'année, en occupant la tanière uniquement lors de la mise-bas et de l'élevage des petits. Le loup établit habituellement sa tanière sur une élévation, une crête, ou sur les hauteurs d'une berge d'une rivière. Deux éléments essentiels de repère : la hauteur par rapport à l'environnement et, si

La tanière est normalement creusée dans la berge d'une rivière, comme ici. Le sol y est souvent beaucoup plus mou et donc plus facile à creuser.

A cause de son pelage épais, le loup reste inactif pendant la chaleur des journées d'été. Celui-ci a recherché la fraîcheur de l'ombre profonde de la forêt.

Portrait d'un jeune loup qui a trouvé abri dans un arbre creux. La tanière est utilisée uniquement pendant la mise-bas et les premières semaines d'existence des louveteaux. Les loups vivent au grand air pendant le reste de l'année.

Ces louveteaux ont environ un mois, ils ont toujours les yeux bleus, mais qui vireront progressivement au jaune. A cet âge, ils commencent à jouer ensemble, pour établir la hiérarchie dans la meute.

possible, la proximité d'eau.

La tanière se présente habituellement telle une entrée en forme de tunnel ovale de 38 à 61cm de large, par 91cm de haut et 3m à 4m50 de long; menant à un espace de 75cms de hauteur qui présente un diamètre compris entre 1m20 et 1m50. Les deux adultes s'occupent de creuser la tanière, mais n'y installent aucune litière.

La période de gestation est de soixante-trois jours. Jusqu'à la mise-bas, la mère poursuit la chasse. Tandis que la meute continue de parcourir l'étendue de son territoire, c'est maintenant la tanière qui devient le souci essentiel de l'activité, pendant un peu plus de deux mois.

Une ou deux semaines avant la mise-bas, la femelle cesse de se joindre aux sorties de chasse et reste dans les environs de la tanière. Vingt-quatre heures avant la parturition, elle y demeure en permanence.

Une portée comporte normalement cinq à six louveteaux, mais peut aller jusqu'à dix ou

Ce louveteau de six semaines est couché à l'extérieur de la tanière. Il s'y réfugiera dès le moindre signe de danger.

Les louveteaux passent beaucoup de temps à jouer entre eux et à se caresser, pour resserrer les liens affectifs. Une fois la hiérarchie sociale établie, ils ne se battent plus que très peu.

La couleur du pelage peut aller du noir de jais, jusqu'au blanc pur. Les loups qui habitent les régions forestières sont d'une couleur plus foncée, tandis que ceux de l'Arctique sont pour la plupart blancs.

Adoptant une position soumise, ce louveteau lèche le museau de l'adulte, pour l'encourager à régurgiter la viande qu'il a mangée. Les adultes tuent souvent leur proie à 30km de la tanière, puis ramènent la nourriture dans leur estomac, pour nourrir les louveteaux.

quinze ou même, exceptionnellement, jusqu'à dix-huit. Les jeunes naissent à des intervalles de vingt à soixante minutes. Au fur et à mesure que naissent ces derniers, la mère les lèche afin de les nettoyer et casser le cordon ombilical. A la naissance, un jeune pèse environ 500g et mesure dans les 35cm, du bout du nez au bout de la queue. Le poil court et doux, d'aspect laineux, se présente gris-marron foncé. Les yeux et les oreilles restent fermés pendant les premiers onze à quinze jours et les yeux sont bleus à la naissance, pour virer lentement au jaune. Les pattes antérieures fonctionnent suffisamment pour permettre au louveteau de se déplacer jusqu'à sa mère, afin de téter et se réchauffer. Celle-ci répond au besoin, en se mettant en boule autour d'eux.

Le père et les autres membres de la meute amènent de la nourriture à la mère pendant la période précédant la mise-bas et pour environ les deux mois suivants. Lorsque les jeunes sont assez grands, vers trois ou quatre semaines, les adultes leur amènent la nourriture que ces derniers régurgitent. La mère demeure constamment auprès de ses enfants pendant la première semaine, mais passe ensuite la plupart de son temps, en dehors de la tanière. A l'âge de trois semaines, les louveteaux sortent de la tanière pour s'allonger au soleil, téter et jouer.

Dès que le mâle ou d'autres membres de la

Les loups à pelage sombre, allant jusqu'au noir, furent certainement à l'origine de l'association du loup avec la sorcellerie. En réalité, le loup peut coexister harmonieusement avec l'homme.

Ce loup à crinière possède des pattes exceptionnellement longues, une adaptation qui lui permet de se déplacer dans, et de voir pardessus, les hautes herbes de la pampa sud-américaine.

Le loup mange très volontiers du castor, quand il parvient à l'attraper. Celui-ci examine un barrage de castor, que l'animal utilise pour traverser l'eau.

meute arrivent, les jeunes leur caressent le museau, afin de les stimuler à régurgiter leur propre nourriture. Si la chasse ne fut pas fructueuse, ces caresses stimulent les adultes à réitérer leurs efforts. Cette action de caresser le museau sert aussi à resserrer les liens affectifs entre les louveteaux et le reste de la meute et constitue un échange d'affection qui renforce l'unité de la meute. Les loups ne vont jamais plus loin que nécessaire pour obtenir leur nourriture et celle des jeunes.

A partir de trois semaines le jeu des louveteaux tourne souvent à un combat brutal, durant lequel chacun tente de mordre dans le cou de l'autre, afin de déterminer la hiérarchie. Une semaine plus tard le partage entre rôle dominant et soumis est accepté. Les louveteaux continuent à jouer brutalement, mais sans se battre véritablement. Les mâles, généralement plus grands que les femelles, deviennent les dominateurs, et parmi eux, le plus fort endosse le rôle de chef. Tant que tous les louveteaux restent en bonne santé, la hiérarchie ne se modifie pas, mais si l'un des

Le loup à crinière d'Amérique du Sud se nourrit de petits rongeurs, d'oiseaux, d'insectes, et de végétation mâchée. Il possède des molaires plates pour mâcher ce type de nourriture, contrairement aux dents carnassières coupantes du vrai loup.

Un adulte loup à crinière qui vient d'attraper un lapin, est poursuivi par un louveteau qui veut partager la nourriture.

Quoique capable d'arracher des morceaux de la carcasse du cerf, ce jeune loup continue à quémander sa nourriture à l'adulte. Remarquez sa position basse et soumise.

Le cerf à queue blanche constitue un gibier majeur pour les loups habitant les régions de forêts denses du Minnesota, du Québec et de l'Ontario. Une meute de six à huit loups, dont chacun mange environ 6,5kg de viande par jour, doit tuer un cerf tous les deux jours, afin d'apaiser la faim.

louveteaux est blessé, même légèrement, il perd son rang. Chez les jeunes comme chez les adultes, le rang occupé dépend des capacités physiques.

Les Sources de nourriture

La nourriture de base du loup reste les jeunes cerfs, élans, caribous, rennes et orignacs, mais toute chair vivante peut devenir sa proie. Parmi cette dernière : une quantité incalculable de campagnols, lemmings et autres petits rongeurs. A la recherche d'un caribou, un loup apaisera souvent sa faim avec des rongeurs avant de trouver un plus grand gibier.

Les jeunes des lagopèdes, qui peuplent abondamment la toundra, et les différentes espèces de grouses habitant les régions forestières, n'apprennent pas à voler avant leur troisième semaine d'existence. Un loup découvrant par hasard un nid de grouses avec des petits peut littéralement ravager sa trouvaille.

Afin de se protéger des attaques des loups,

Ces loups mangeront en entier ce cerf à queue blanche de 56kg. Ils le consommeront en deux ou trois jours, avec une pose sieste entre les repas.

45

les boeufs musqués développent un cercle défensif : poursuivis par les loups, ils forment un cercle protecteur, leurs lourdes cornes orientées vers l'extérieur et les jeunes placés au milieu. Un loup qui s'approche trop près peut provoquer l'un des adultes mâles à charger, mais ce ne sera que sur une courte distance, puisque même ce dernier hésite à s'éloigner du cercle protecteur. Cette tactique constitue une défense adéquate contre les loups, mais fut cependant la perte du boeuf musqué lorsqu'il se retrouva face à face avec l'homme moderne et ses armes à feu !

L'énorme loup des bisons s'éteignit lorsque disparurent les vastes troupeaux en question. Ce loup suivait en effet ces derniers, afin d'attraper une bête isolée, vieille ou malade. Il était trop malin pour risquer d'isoler un jeune du troupeau, qui le chargerait.

Les élans et les caribous vivent en troupeaux, mais les deux n'affichent pas la même stratégie de défense. Plus grands, les élans se déplacent en bandes de cinq à vingt-cinq animaux, tandis qu'un troupeau de caribous peut réunir plusieurs milliers de membres.

Attaqués, les élans se sauvent, ou les mères furieuses contre-attaquent. Les veaux sont rarement laissés seuls : quand les mères s'éloignent pour se nourrir, les femelles sans jeunes montent la garde en mères nourricières.

Afin d'échapper aux loups, les caribous jouent sur la vitesse, ainsi que sur la densité des troupeaux. Une densité qui empêche les loups de se concentrer sur un seul animal. C'est pour cette raison que les oiseaux, poissons et animaux se déplacent en masse : le nombre limite le danger, puisque seul, un animal isolé sera attaqué !

Un loup en bonne santé ne peut pas

Lorsque il est seul, le loup chasse souvent des petits animaux tels que le campagnol, le lemming et autres rongeurs. Les plus importants animaux – caribou, élan, boeuf musqué – sont chassés en meute.

Tous les canidés halètent lorsqu'il fait chaud, afin d'expulser un maximum de chaleur corporelle, par les poumons. La langue pendante représente également un moyen de rafraîchir le sang, en l'exposant ainsi à l'air.

attraper un caribou du même état et cela les caribous le savent. Lorsque arrivent les loups, seuls les caribous situés à l'extérieur du troupeau sont menacés. Leur meilleure défense à ce niveau : plonger au milieu du troupeau.

Dans les forêts du nord, les loups se nourrissent essentiellement d'élans. La résistance organisée par ces derniers se révèle théoriquement suffisante pour déjouer une attaque, cependant les loups réussissent généralement à se nourrir, en s'attaquant à ceux qui tentent de fuir pour s'échapper ! Une proie fuyante stimule en effet tout prédateur à la chasse. Les élans femelles sont tout aussi dangereuses que les grands mâles, qui ne portent leurs bois, que durant une partie de l'année. Leurs sabots antérieurs servent alors d'arme principale. Une femelle dont les veaux sont menacés se transforme aussitôt en mastodonte rapide et cinglant !

Le loup n'hésite pas à se mouiller, mais se hâte de débarrasser son pelage de l'eau, par secousses, dès qu'il se retrouve au sol. Son pelage est si dense que même en nageant, l'eau ne pénètre pas jusqu'à la peau!

Le loup suit souvent les rivières : ces chemins naturels rendent ses déplacements plus rapides.

Le loup ne boit pas, comme nous, par aspirations. Il enroule sa langue afin de former une sorte de creux, qu'il utilise pour laper l'eau dans sa bouche.

Le loup court sur un modèle rotatif, en posant d'abord sa patte avant droite au sol, puis la patte avant gauche, la patte arrière droite et enfin, celle de l'arrière gauche.

Sur la plupart de leur territoire, les loups auront l'accès à l'eau. Ils choisissent en effet généralement l'emplacement de leur tanière, à proximité d'une source d'eau permanente, afin que les louveteaux y accèdent aisément.

Cependant, même la résistance la plus déterminée d'une femelle peut se trouver contrariée par une meute de loups, se divisant alors, afin d'attaquer, un par un, les jeunes en question. De toute façon, un élan mère ne peut pas être dans deux endroits à la fois et, tôt ou tard, l'un des jeunes sera renversé et tué...

Le loup se nourrit également de grenouilles et de poissons. Cependant, par temps froid il préfère du gros gibier, qui fournit des résultats plus copieux pour une même dépense d'énergie.

Un loup qui traverse une région inondée par les castors, demeure perpétuellement en alerte, pour attraper l'un d'entre eux. Le castor habite une cabane à toit arrondi, fabriquée de tas de branches couverts de boue. En hiver cette boue gèle, pour devenir aussi dure que du béton, lui fournissant ainsi chaleur et protection.

ETE

Dans le Grand Nord l'été s'illustre telle une saison de croissance permanente. Les jours d'été ne sont cependant pas interminables, leur nombre reste limité et se réduit au fur et à mesure qu'on se dirige vers le nord. Par contre, chaque jour se confond avec celui qui le précède et qui le suit : le soleil ne se couche pas vraiment, il ne fait que se baisser légèrement vers l'horizon, afin de marquer le passage des heures.

A cette saison, les caribous recherchent les crêtes orientées nord-sud, où le vent constant les aide à s'échapper des hordes d'insectes. Ils sont également attirés par les restes de neige dans les ravines des versants nord, pour se rafraîchir et se soulager des insectes.

Pour les mêmes raisons les loups recherchent les zones de leur territoire positionnées en hauteur, ce qui leur permet en parallèle de suivre les déplacements du gibier.

A Denali, les loups se nourrissent aussi de moutons attrapés lors du déplacement vers les pâturages d'été.

Les louveteaux grandissent

A cinq semaines les louveteaux sont normalement sevrés. A cet âge-ci, ils occupent encore la tanière, tandis que la mère reprend ses parties de chasse avec la meute. Les louveteaux sont cependant rarement laissés seuls :

Les loups se jettent souvent à l'eau, simplement pour jouer, pour regarder clapoter l'eau et pour se rafraîchir pendant les chaleurs de l'été.

Entouré de fleurs, ce loup est à l'aise dans son court pelage d'été, qui sert principalement à le protéger contre les insectes.

La curiosité est un signe d'intelligence, et ce loup noir semblait très intrigué par la présence de notre photographe.

Le loup de gauche renifle l'air afin d'identifier l'odeur d'un gibier, tandis que celui de droite examine un marquage par l'urine.

Les louveteaux quittent la tanière à l'âge de quelques mois. Ils restent ensuite dans un lieu de rendez-vous, placé à une étroite proximité de la zone où chassent les adultes.

Le loup vit dans toute une variété d'habitats, de l'Arctique glacée aux forêts denses, en passant par la toundra ouverte. A une époque ils vivaient aussi dans les steppes et plaines des Etats-Unis.

un autre membre de la meute fera du "baby-sitting" pendant que la mère s'occupe de la chasse.

Les jeunes adultes s'intéressent autant que les parents aux louveteaux, en les nourrissant, les gardant et jouant avec eux. En mouvement perpétuel, ces bébés donnent d'ailleurs pas mal de fil à retordre à chacun des membres de la meute.

Lorsque les jeunes atteignent environ huit semaines, les adultes abandonnent la tanière, afin de se diriger vers des lieux de rendez-vous, des zones en fait, plus centrales par rapport à leurs coutumes de chasse. Ceux-ci ramènent ainsi plus facilement et plus rapidement la nourriture aux louveteaux, qui d'ailleurs peuvent éventuellement se déplacer avec la meute afin de se nourrir d'une victime de taille conséquente.

A cet âge les louveteaux grandissent très rapidement et pèsent entre 6,75kg et 9kg. Ce sont là les mois les plus insouciants : jeux, ébats, traques, bref, amusements répétés servent de vie quotidienne. Parfois ils s'éloignent pour chasser souris et campagnols, mais ils restent cependant toujours dépendants de la nourriture amenée par les adultes, ainsi que du lieu de rendez-vous : point central de toute activité.

Tactiques de survie

L'homme est le seul véritable ennemi du loup. De leur première sortie de la tanière jusqu'à l'âge de six semaines, les louveteaux peuvent devenir la proie des aigles royaux.

L'ours gris dans la toundra et l'ours blanc dans l'Arctique s'attaquent aux louveteaux lorsqu'ils parviennent à les attraper. C'est justement à cause de ces derniers que les louveteaux ne sont jamais laissés seuls. Les loups se mettront ainsi souvent à plusieurs, afin d'éloigner un ours de la tanière. Dans ces cas-là, l'union fait la force.

Le loup saute facilement des obstacles atteignant les 1m50, comme le prouve celui-ci en train de sauter au dessus d'un arbre mort.

Les marques sur le visage de ce loup se révèlent inhabituelles mais très esthétiques. Les vibrisses ou poils tactiles sur son museau servent d'organe du toucher.

Les hurlements

Hurler se présente comme un moyen majeur de communication. Un langage que l'homme tenta de tout temps de traduire. Les loups hurlent pour rassembler la meute, et pour prévenir d'autres meutes de leur présence. Ils hurlent sans doute par simple plaisir, ou par solitude lorsqu'ils sont à la recherche d'un partenaire. Le hurlement de chaque loup est différent de celui de ses congénères et chaque individu possède un répertoire extensif d'hurlements.

Quand une meute se met à hurler, la gamme de notes contenue dans chaque hurlement s'élève en fonction des hurlements d'autres partenaires. Ecouter un chœur de loups relève d'une expérience inoubliable !

Habitudes estivales

Les loups sont plus actifs pendant la nuit, non pas à cause de la lumière, mais plutôt pour éviter la chaleur de la journée. Dans le Grand Nord la lumière du jour dure entre vingt et vingt-quatre heures. Un atout qui nous permet d'étoffer nos observations et par suite, nos documentations. A ces latitudes les

Les réactions du loup face à l'homme varient en fonction des situations vécues antérieurement. Celui-ci s'arrêta sans se sauver, quand il découvrit le photographe situé de l'autre côté de l'étang. Quoique effrayant la plupart de nos contemporains, notons cependant, qu'en Amérique du Nord, aucune attaque réelle du loup contre l'homme n'a été enregistrée.

jours sont plus frais et les loups ne souffrent plus autant de la chaleur. Aux rares périodes de vraie chaleur, les loups recherchent l'ombre profonde pour y demeurer inactifs. Ils creusent souvent un lit dans le sol humide afin de s'y rafraîchir. La chaleur corporelle se trouve parallèlement évacuée par leurs halètements rapides.

Dans les régions forestières de l'Ontario, du Minnesota et des environs, les loups restent inactifs durant la journée, pour cause de températures dépassant parfois 30°C. Ils commencent en fait à s'activer au crépuscule pour chasser dans la fraîcheur de la soirée. Les loups de la forêt se déplacent moins que leurs frères de la toundra, puisqu'ils se nourrissent d'une plus grande variété de gibier, tels que castors, lièvres, cerfs et veaux d'élans. Toutes ces espèces sont réparties dans la région de manière relativement uniforme. Par contre, dans la toundra, il existe de grandes étendues pratiquement dépourvues de tout animal sauvage, tandis que d'autres zones font vivre de grands troupeaux. Le loup de la toundra est donc obligé de parcourir de longues distances pour trouver sa nourriture.

L'été en Alaska est parfois très pluvieux avec, par conséquent, des températures plus basses; ce qui permet aux loups de rester actifs pendant la journée entière. Selon mes

Le loup marche, trotte ou avance à longues foulées souples et régulières. Des vitesses supérieures à 64km/h ont été enregistrées, qui ne peuvent cependant être maintenues sur de longues distances. Pour les déplacements lointains le loup trotte à un rythme rapide et régulier.

Le loup vit dans un monde d'odeurs, délimitant son fief, en urinant fréquemment. Après urinement, il gratte souvent très vigoureusement, projetant la terre, en griffant le sol avec ses pattes arrières. Ces longues marques de griffure symbolisent un moyen visuel de communication.

Les loups hurlent pour empêcher d'autres meutes de s'aventurer sur leur territoire. C'est là un mécanisme naturel pour maintenir la paix entre les différentes meutes.

Le loup n'aboie pas autant que le coyote, quand il hurle, mais il aboie lorsqu'il se trouve menacé, où encore pour prévenir un collègue. Il aboiera même contre un ours qui s'approche trop près de la tanière. Pourtant beaucoup plus grand et fort que le loup, l'ours craint le canidé, quand celui-ci se déplacent en meute.

Lancé à vitesse maximale, un loup rattrape facilement beaucoup d'autres espèces. On a enregistré des vitesses supérieures à 64km/h.

observations, la pluie ne dérange nullement les loups. D'habitude ils suivent les barres de gravier et les lits de rivière : ces chemins naturels étant en effet les plus faciles à parcourir. Ils traversent constamment les rivières peu profondes et sont parfois obligés de nager. Etre mouillé fait partie intégrante de la vie du loup en Alaska. Se nourrissant de viande, une partie de ses besoins quotidiens en eau est satisfaite par le sang de ses proies. Il boit de l'eau quand l'occasion s'en présente et l'hiver, il calme sa soif avec la neige.

Un loup court facilement dans une eau peu profonde. En été il boit de l'eau dès que l'occasion s'en présente, en hiver il se désaltère avec la neige.

Un loup qui court très vite rattrape facilement la plupart du gibier. S'il n'attrape pas sa proie après 300m de course, le plus souvent il renonce à sa poursuite.

Ce loup dominant montre son agressivité en retroussant ses babines, pour révéler ses crocs, tout en rabattant ses oreilles.

A la poursuite d'une proie, un loup n'hésitera pas à traverser ruisseau et rivière. On a même observé des loups se jeter dans des lacs, pour s'attaquer à des animaux qui nageaient.

Le loup a l'ouïe très fine. Il est capable de détecter le hurlement d'un confrère, à une distance de plusieurs kilomètres. Le hurlement de chaque loup se différenciant spécifiquement de celui d'un autre, on peut identifier chaque individu par sa voix.

AUTOMNE

L'automne commence tôt dans le pays des loups. Les premiers jours de septembre font resplendir la toundra de rouge flamboyant, d'orange, et de jaune. Les feuilles des bouleaux nains et des myrtilles s'enflamment tel le buisson ardent de la Bible. Chaque jour les teintes deviennent plus éclatantes et cette mosaïque plus spectaculaire !

Dans la taïga, le tremble illustre l'arbre à feuilles caduques le plus commun. A l'automne ses feuilles miroitent tel de l'or, vibrant sur leurs longues tiges, à chaque mouvement de brise.

Préparations pour l'hiver

Désormais, nuits et jours s'opposent distinctement; ainsi à l'aube les feuilles sont-elles souvent poudrées de givre. La disparition quotidienne du soleil ralentit chaque jour un peu plus le réchauffement de la terre et la fonte du givre. Toutes les créatures savent d'instinct, que l'hiver gagnera bientôt la partie.

Le pelage du loup devient long et épais, rendant l'animal imperméable au froid, hormis lorsque le vent souffle le plus fort.

Tous et toutes attendent les premières neiges mais l'attente n'est pas longue. La neige a déjà fait son apparition sur les cimes lointaines plusieurs semaines auparavant et chaque tempête a depuis recouvert les flancs des montagnes, chaque fois un peu plus bas.

Les louveteaux possèdent une connaissance instinctive de la neige, mais qui ne diminue ni n'empêche la naïve exubérance dont ils font preuve, en découvrant comme des fous, ces nuages de poudre.

Le loup vit dans de vastes étendues. Selon la nourriture disponible, le territoire d'une meute peut varier entre 26 et 260 kilomètres carrés ou plus.

Le loup habitait l'Amérique du Nord bien avant l'arrivée des premiers Indiens et Esquimaux par le Détroit de Béring, il y a dix-huit mille ans.

Le régime du loup contient 98% de viande, mais de temps à autre, il mange un peu d'herbe (apparemment pour se purger) ainsi que quelques insectes. Celui-ci mange des scarabées sous l'écorce d'un arbre.

La meute et la migration

Les louveteaux ont pris l'habitude de suivre la meute, pendant ses parties de chasse. Ils ont encore cependant beaucoup à apprendre, et leur enthousiasme ne peut se substituer à la faiblesse de leur poids, de leur force, ainsi qu'à leur modeste taille. Vers fin septembre un louveteau pèse environ 23kg, mais n'atteindra sa taille adulte, que plusieurs mois plus tard.

La chasse au gros gibier représente une occupation dangereuse. Les loups sont souvent encornés ou piétinés par ces derniers. Souvent, par la faute d'un simple mauvais calcul, ils se retrouvent frappés du sabot d'un animal en fuite. Néanmoins, une fracture accidentelle reste tout aussi sérieuse que n'importe quelle autre, et tout ce qui concourt à diminuer les capacités d'un loup représente une menace pour sa vie.

Selon la meute et l'individu, le destin d'un animal blessé va alors s'affirmer. Dans toutes les meutes, comme dans toute société animale, une bête handicapée perd son rang dans la hiérarchie. Si un loup alpha se retrouve sérieusement handicapé, il se peut qu'il descende jusqu'au rang le plus bas. Dans certains cas, les autres membres de la meute

s'occuperont de lui. Mais le plus souvent, cette situation entraîne tous les autres animaux à monter d'un rang dans la hiérarchie. Par suite, il est aussi possible que tous se retournent contre lui et l'expulsent de la meute. Au pire, la meute entière peut s'attaquer à l'handicapé et le tuer. La nature reste réaliste : pas de place pour les faibles . . . !

Si l'animal blessé demeure avec la meute et se rétablit, il sera alors obligé de reconquérir progressivement son statut social. Celui-ci ne symbolise pas une position donnée, mais plutôt le rang le plus élevé, que l'animal individuel peut prendre et conserver. Dans l'univers des bêtes sauvages, le pouvoir revient à la masse et la survie de la meute efface le pouvoir de l'individu.

Avant la saison de la mise-bas, fin septembre, les troupeaux de caribous quittent la toundra stérile et balayée par le vent, afin de s'abriter dans la taïga. La plupart des meutes de loups les suivent : le prédateur se devant de rester près de sa proie. A part quelques troupeaux de boeufs musqués tout au nord, la plupart des régions de toundra ne compte pas d'animaux suffisamment grands, pour nourrir une meute de loups.

L'automne illustre la période naturelle de dispersion pour grand nombre d'animaux sauvages. L'hiver arrive et la nourriture sera plus difficile à trouver pour toutes les espèces actives. Afin d'éviter les conflits concernant la nourriture et plus tard, les droits de reproduction ou leur suppression, beaucoup de jeunes animaux partent vivre en indépendance. Chez les loups, c'est au tour des adultes âgés de deux ans et demi de partir chercher un partenaire et former une nou-

Le loup est extrêmement sensible aux bruits. Celui-ci écoute un bruit à distance.

velle meute. Cette dispersion des jeunes représente la cause d'extension du territoire d'une espèce, dont la population évolue. Chez les loups, les meutes déjà établies occupent les territoires les plus riches en gibier. Les jeunes adultes entamant une vie à deux se retrouvent ainsi obligés de partir vers de nouvelles régions, ou de s'installer dans les zones les plus pauvres. Ils peuvent encore rejoindre des régions déjà investies de confrères, ou s'approprier la zone-tampon établie entre deux meutes. Parfois les adultes permettront à leur progéniture de créer une nouvelle meute, sur une partie de leur propre territoire.

La Nature déteste le vide; aucune surface n'est perdue. Quoique certaines tanières peuvent être utilisées pendant de longues années, l'étendue du territoire les entourant peut varier considérablement, selon la taille de la meute et la quantité de gibier disponible.

Appelé en Europe le loup d'Europe, cet animal possède également d'autres appellations, telles que le loup des forêts ou le loup polaire. Ces noms communs correspondent aux régions où il vit.

Ces deux loups illustrent parfaitement les différentes nuances paraissant dans le pelage. Un tel dimorphisme se rencontre souvent chez les membres d'une seule portée.

Ce typique couple de loups nous montre la coloration la plus habituelle. Sous les poils gris, blancs et noirs repose une couche inférieure de poils jaunes.

Ce couple dominant, ou alpha, tolère la présence du troisième parce que le langage corporel de ce dernier montre sa soumission, indiquant ainsi qu'il connaît son rang dans la hiérarchie sociale.

Dans le Nord, le loup est constamment obligé de traverser ruisseaux et rivières. Sans hésitation il se jette à l'eau et nage, en suivant partout les caribous.

Remarquez la large crinière en forme de larme qui couvre les épaules du loup et s'étend le long de son dos. Quand il est fâché ou a peur, les muscles érecteurs font dresser cette crinière, ce qui fait paraître le loup plus grand qu'il ne l'est.

On voit très facilement la ressemblance entre ce loup et le berger allemand. Néanmoins, la tête du loup est plus large que celle du chien.

Les Populations de loups

Aujourd'hui dans le monde, selon la région ou le pays, le loup est chassé, protégé, ou encore sujet à d'âpres discussions. Dans certaines régions très peuplées de loups, leur nombre est contrôlé selon différentes méthodes. Lorsque la densité de population est faible, ils sont protégés partiellement ou totalement. Et dans les régions, où il fut totalement éliminé, on peut procéder à sa réintroduction. Tous ces programmes ont leur mérite, et là n'est pas notre intention, d'établir une quelconque comparaison. Un fait très intéressant, mais peu connu est à souligner. Dans les régions où la population de loups est fortement contrôlée, leur nombre peut en fait augmenter, suite aux mesures prises par l'homme. Dans des conditions normales, seuls les membres alpha d'une meute se reproduisent. On peut trouver dans une meute jusqu'à une douzaine de loups en âge de reproduire, mais toute activité de reproduction est limitée en dehors de celle des loups alpha. Si certains loups, et parmi eux : le couple alpha, sont enlevés de la meute, celle-ci peut alors se fragmenter, en unités plus petites. A l'origine, dans une meute composée de douze loups, seul le couple alpha reproduit. Cependant, suite à cette fragmentation, il se peut que trois couples reproduisent : chaque meute réduite s'octroyant alors une partie du territoire occupé précédemment par la grande meute originelle. Il s'ensuit qu'une région produisant auparavant six louveteaux à l'année, peut désormais en produire dix-huit. Les seules contraintes imposées par chaque croissance rapide de population s'identifie par la quantité d'animaux-proies disponible pour les loups, ainsi que par la présence de l'homme.

Des loups entièrement blancs se rencontrent souvent dans l'Arctique, mais aussi dans d'autres habitats. Leur pelage blanc les aide à se confondre avec la neige, mais les rend aussi très visibles dans des paysages plus sombres.

La plupart des loups ont le visage plus clair que le corps. De nombreuses marques peuvent être observées, et la couleur peut varier du noir au blanc, en passant par le poivre-et-sel.

Ce loup de rang inférieur caresse le museau du mâle alpha dominant. C'est un signe de soumission, et également un geste utilisé par les louveteaux, quand ils veulent inciter les adultes à régurgiter de la viande pour eux.

CONCLUSION

Ces dernières années, l'attitude de l'homme envers le loup démontre pour ainsi dire un changement radical partout dans le monde. Des études accrues et précises permettent en effet l'avancée de connaissances de plus en plus rationnelles.

Le loup configure le véritable symbole des régions sauvages puisqu'il ne peut en effet vivre, que dans ces régions. A l'état naturel, il vit en harmonie avec les espèces qui forment sa proie. Une fluctuation dans la population de l'un ou de l'autre entraîne une fluctuation chez l'autre. Aucun prédateur ne détruit complètement les espèces représentant sa proie. Dans ce sens, le loup se révèle être un baromètre fidèle de notre environnement. Des études récentes prouvent que dans les régions où les loups chassent les hardes de cerfs, la santé de ceux-ci, ainsi que leurs habitats, s'améliorent.

Les arguments pour et contre continueront à tourner autour de la polémique sur les loups pour les années à venir. Je crois que notre plus grande raison de s'alarmer s'illustre dans la croissance de la population humaine, ainsi que dans notre intrusion et destruction de toutes ces régions sauvages. La disparition de ces dernières entraîne celle des loups. Pour ma part, je ne veux vivre ni sans les uns, ni sans les autres !

SOURCES DES ILLUSTRATIONS

INDEX PAR PAGE

Page #	Photographe
3	Erwin & Peggy Bauer
4	Erwin & Peggy Bauer
5	Gary Meszaros/Dembinsky Photo Associates
6	Art Wolfe
7	Daniel J. Cox
8	Gary Milburn/Tom Stack & Associates
8–9	Joe McDonald
9	Leonard Lee Rue III
10	Carl R. Sams,II/Dembinsky Photo Associates
11 (haut)	Erwin & Peggy Bauer
11 (bas)	Joe McDonald
12 (haut)	John W. Warden
12 (bas)	Joe McDonald
13	Joe McDonald
14	Thomas Kitchin/Tom Stack & Associates
15	Brian Parker/Tom Stack & Associates
16	Carl R. Sams,II/Dembinsky Photo Associates
17	Daniel J. Cox
18	Art Wolfe
19 (haut)	Daniel J. Cox
19 (bas)	Thomas Kitchin/Tom Stack & Associates
20	Gary Milburn/Tom Stack & Associates
21	Daniel J. Cox
22	Daniel J. Cox
23 (haut)	Erwin & Peggy Bauer
23 (bas)	Erwin & Peggy Bauer
24	Henry Holdsworth/The Wildlife Collection
24–25	Robert Winslow/Tom Stack & Associates
26	Joe McDonald
27 (haut)	D. Robert Franz/The Wildlife Collection
27 (bas)	Robert Winslow/Tom Stack & Associates
28 (haut)	Daniel J. Cox
28 (bas)	Daniel J. Cox
29	Daniel J. Cox
30 (haut)	Robert Winslow/Tom Stack & Associates
30 (bas)	Daniel J. Cox
31 (haut)	Robert Winslow/Tom Stack & Associates
31 (bas)	Carl R. Sams,II/Dembinsky Photo Associates
32 (haut)	Mary Ann McDonald
32 (bas)	Carl R. Sams,II/Dembinsky Photo Associates
33 (haut)	Chase Swift/Tom Stack & Associates
33 (bas)	Joe McDonald
34	Art Wolfe
35	Leonard Lee Rue III
36 (haut)	Brian Parker/Tom Stack & Associates
36 (bas)	Art Wolfe
37 (haut)	Leonard Lee Rue III
37 (bas)	Leonard Lee Rue III
38 (haut)	Don Johnston/Photo/Nats
38 (bas)	Don Johnston/Photo/Nats

Page #	Photographe
39	Thomas Kitchin/Tom Stack & Associates
40–41	Art Wolfe
42	Art Wolfe
43 (haut)	Art Wolfe
43 (bas)	Art Wolfe
44 (haut)	Thomas Kitchin/Tom Stack & Associates
44 (bas)	Len Rue Jr.
45	Thomas Kitchin/Tom Stack & Associates
46	Erwin & Peggy Bauer
47	Don Johnston/Photo/Nats
48	Joe McDonald
49 (haut)	Joe McDonald
49 (bas)	Joe McDonald
50 (haut)	Daniel J. Cox
50 (bas)	Daniel J. Cox
51 (haut)	Joe McDonald
51 (bas)	Len Rue Jr.
52	Henry Holdsworth/The Wildlife Collection
53	Len Rue Jr
54 (haut)	Art Wolfe
54 (bas)	Thomas Kitchin/Tom Stack & Associates
55	Art Wolfe
56–57	Carl R. Sams,II/Dembinsky Photo Associates
58	Michael Francis/The Wildlife Collection
59	Art Wolfe
60	Len Rue Jr.
61	Leonard Lee Rue III
62	Len Rue Jr.
63 (haut)	Leonard Lee Rue III
63 (bas)	Leonard Lee Rue III
64	Joe McDonald
65 (haut)	Erwin & Peggy Bauer
65 (bas)	Joe McDonald/Tom Stack & Associates
66 (haut)	John W. Warden
66 (bas)	Gay Bumgarner/Photo/Nats
67	Jeff Foott/Tom Stack & Associates
68	Brian Parker/Tom Stack & Associates
69	Thomas Kitchin/Tom Stack & Associates
70	Leonard Lee Rue III
71	Mary Ann McDonald
72	Michael Francis/The Wildlife Collection
72–73	Michael Francis/The Wildlife Collection
74	D. Robert Franz/The Wildlife Collection
75 (haut)	Reinhard Siegel/Aquila Photographics
75 (bas)	Reinhard Siegel/Aquila Photographics
76 (haut)	Erwin & Peggy Bauer
76 (bas)	Art Wolfe
77	Brian Parker/Tom Stack & Associates
78	Daniel J. Cox
79	Daniel J. Cox

INDEX PAR PHOTOGRAPHE

Photographe / Page

Erwin & Peggy Bauer 3, 4, 11 (haut), 23 (haut & bas), 46, 65 (haut), 76 (haut)

Gay Bumgarner 66 (bas)

Daniel J. Cox 7, 17, 19 (haut), 21, 22, 28 (haut & bas), 29, 30 (bas), 50 (haut & bas), 78, 79

Jeff Foott/Tom Stack & Associates 67

Michael Francis/The Wildlife Collection 58, 72–73 (both)

D.Robert Franz/The Wildlife Collection 27 (haut), 74

Henry Holdsworth/The Wildlife Collection 24, 52

Don Johnston/Photo/Nats 38 (haut & bas), 47

Thomas Kitchin/Tom Stack & Associates 14,19 (bas), 39, 44 (haut), 45, 54 (bas), 69

Joe McDonald 8–9, 11 (bas), 12 (bas), 13, 26, 33 (bas), 48, 49 (haut & bas), 51 (haut), 64

Joe McDonald/Tom Stack & Associates 65 (bas)

Mary Ann McDonald 32 (haut), 71

Gary Meszaros/Dembinsky Photo Associates 5

Gary Milburn/Tom Stack & Associates 8, 20

Brian Parker/Tom Stack & Associates 15, 36 (haut), 68, 77

Leonard Lee Rue III 9, 35, 37 (haut & bas), 61, 63 (haut & bas), 70

Len Rue Jr. 44 (bas), 51 (bas), 53, 60, 62

Carl R. Sams II/Dembinsky Photo Associates 10, 16, 31 (bas), 32 (bas), 56–57

Reinhard Siegel/Aquila Photographics 75 (haut & bas)

Chase Swift/Tom Stack & Associates 33 (haut)

John W. Warden 12 (haut), 66 (haut)

Robert Winslow/Tom Stack & Associates 24–25, 27 (bas), 30 (haut), 31 (haut)

Art Wolfe 6, 18, 34, 36 (bas), 40–41, 42, 43 (haut & bas), 54 (haut), 55, 59, 76 (bas)